L'origine de la Cité de l'Aube

Sunshine Orange Studio

Traduit par Agnès Belotel-Grenié

Books Beyond Boundaries

ROYAL COLLINS

L'origine de la Cité de l'Aube

Sunshine Orange Studio
Traduit par Agnès Belotel-Grenié

Première édition française 2023
Par le groupe Royal Collins Publishing Group Inc.
BKM Royalcollins Publishers Private Limited
www.royalcollins.com

Siège social : 550-555 boul. René-Lévesque O Montréal (Québec) H2Z1B1 Canada
Bureau indien : 805 Hemkunt House, 8th Floor, Rajendra Place, New Delhi 110 008

ISBN : 978-1-4878-1190-7

Autrefois, la ville de Jinghong s'appelait « Mengle ». Bien avant que les humains ne viennent sur les terres fertiles près de la rivière Lancang, on pouvait entendre les oiseaux et sentir le parfum des fleurs. De nombreux oiseaux et animaux rares vivaient librement et joyeusement à Mengle.

Non loin de ce paradis se trouvait un endroit appelé Mengzhanbanaguan (aujourd'hui Menghun), où vivait une tribu du peuple Dai. Le chef de la tribu était un jeune homme talentueux nommé Payalawu.

Après que Payalawu fut devenu le chef de Mengzhanbanaguan, il emmenait souvent les jeunes hommes chasser dans les forêts afin d'obtenir suffisamment de nourriture et de vêtements chauds pour le peuple. Chaque fois qu'ils partaient, ils revenaient les mains pleines. Payalawu partageait alors leur butin avec le peuple en fonction de ce qu'ils avaient tué, tout en veillant à ce qu'il soit également réparti entre les personnes qui étaient restées à la maison. Par conséquent, il était profondément aimé par sa tribu.

Mais une année, les forêts des montagnes autour de Mengzhanbanaguan furent détruites par un grand incendie et les animaux périrent ou s'enfuirent. Même si Payalawu avait de grandes capacités, il était incapable de trouver assez de nourriture pour la tribu.

Malgré de grandes difficultés et de grandes souffrances, la tribu survécut jusqu'au printemps suivant. Lorsque Payalawu vit les tendres petites pousses d'herbe émerger sur la colline dénudée et brûlée par le feu près, il se dit : « Le printemps arrive. Tout revient à la vie. Ne devrais-je pas mener notre peuple à la chasse dans une forêt lointaine ? Il devrait y avoir des animaux que nous pourrions chasser. »

Tôt ce matin-là, Payalawu battit le grand tambour utilisé pour convoquer les gens afin de discuter des questions importantes de la tribu. Il annonça qu'il avait décidé d'aller chasser dans les montagnes au loin. Il dit : « Je vais tenter ma chance dans les montagnes lointaines. Voulez-vous m'accompagner ? »

Le plus vieil homme de la tribu sortit de la foule, s'inclina, paumes de mains jointes, et exprima la volonté de tous : « Honorable Zhaomeng (chef d'une tribu Daï), nous sommes tous vos fidèles. Les vieux, comme moi, ne peuvent pas monter à cheval ou tirer à l'arc. Nous allons rester ici pour garder le village. Tous les autres vous suivront. »

Payalawu fut ravi de voir que tout le monde était prêt à le suivre. Il joignit les paumes de ses mains et s'inclina devant l'homme âgé et le peuple.

Finalement, un jour fut choisi pour le voyage et Payalawu mena l'expédition de chasse en direction de Mengle.

Ils traversèrent des rivières, passèrent à travers d'épaisses forêts et escaladèrent de hautes montagnes. En chemin, ils virent des oiseaux dans le ciel, mais ne virent aucun animal sur le sol. Ils ne purent obtenir que quelques faisans par jour.

Payalawu était très frustré et déçu. Il décida de ne pas mener son peuple plus loin dans cette aventure, et qu'ils retourneraient à Mengzhanbanaguan après une nuit de repos.

Le lendemain matin, Payalawu réunit tout le monde. Il avait le cœur lourd en voyant les visages fatigués mais confiants de son peuple. Il dit à tout le monde en s'excusant : « Depuis que nous avons quitté le village, nous n'avons pas attrapé assez de gibier et nous n'avons pas bien dormi. Pour notre sécurité, nous devons rentrer. »

Mais au moment où ils avaient fini leurs bagages et étaient prêts à rentrer, un cerf doré bondit hors des bois, galopant vers eux et s'arrêtant sur une colline non loin de Payalawu.

Le cerf doré était fort et beau, avec un halo
d'or brillant au-dessus de sa tête.

Ce que le peuple ne savait pas, c'est que
ce cerf doré magique était l'incarnation de
la déesse Payaying. Elle voulait conduire
Payalawu et son peuple à Mengle, un endroit
avec une terre fertile, avec beaucoup d'eau
et d'herbe, où les gens pourraient vivre
heureux et élever leurs enfants dans la paix
et la tranquillité.

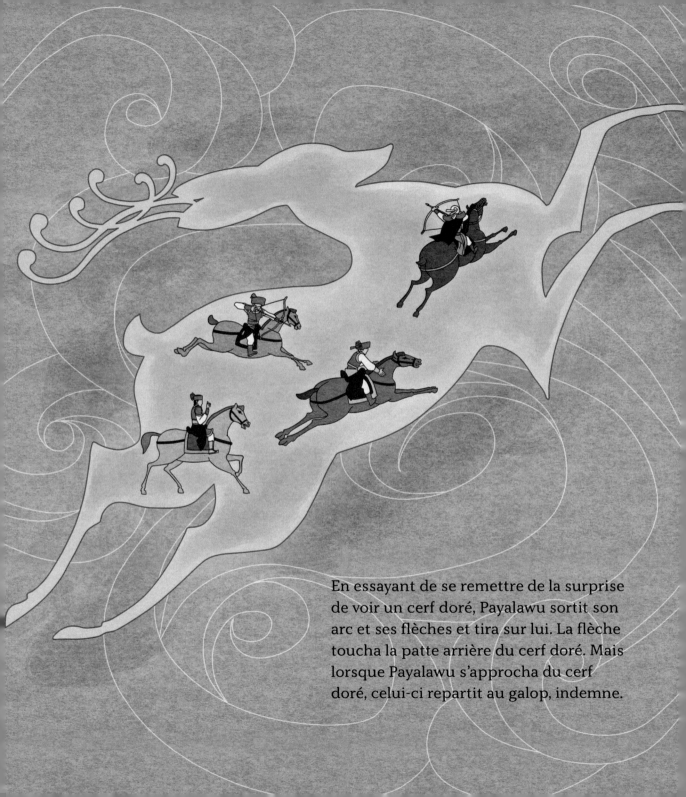

En essayant de se remettre de la surprise de voir un cerf doré, Payalawu sortit son arc et ses flèches et tira sur lui. La flèche toucha la patte arrière du cerf doré. Mais lorsque Payalawu s'approcha du cerf doré, celui-ci repartit au galop, indemne.

Payalawu ordonna en toute hâte à son équipe de chasseurs de l'accompagner à la poursuite du cerf doré. Le cerf courait un peu, puis s'arrêtait, pour recommencer à courir lorsque les gens se rapprochaient. Le comportement étrange du cerf réveilla l'esprit combatif de Payalawu et de son équipe de chasseurs.

Après avoir poursuivi le cerf sans relâche, ils arrivèrent dans une vallée appelée Jilawai, qui était pleine de glycines. Certains des hommes ne pouvaient plus courir, alors ils demandèrent à se reposer.

Ils continuèrent à poursuivre le cerf doré, même s'ils étaient tous fatigués. Si certains étaient fatigués et malades, d'autres personnes les aidaient, et ils montaient sur des éléphants et des chevaux, ou étaient même portés par leurs compagnons. Voir les gens aider leurs camarades émut Payalawu aux larmes. Il laissa les malades rester pour se rétablir, leur laissant de la nourriture, de l'eau et un homme pour s'occuper d'eux, Payalawu mena ensuite le reste de son équipe à la poursuite du cerf doré.

Suivant de près le rythme du cerf doré, Payalawu et son peuple traversèrent des montagnes et des forêts luxuriantes. Le cerf doré semblait savoir quand les gens étaient fatigués. Il s'arrêtait souvent pour laisser Payalawu et son équipe faire une pause.

Enfin, Payalawu conduisit le peuple hors des forêts profondes et à Mengle, la destination prévue par la déesse Payaying depuis le début. Payalawu put voir que le cerf doré s'était arrêté juste devant lui. Dans un éclair de lumière dorée, le cerf d'or disparut.

L'aube approchait et le soleil se levait à l'est.

  Les gens étaient fatigués et se soutenaient mutuellement en sortant de la forêt profonde. Devant eux, un grand champ de fleurs, d'herbe et de sol riche apparut.

Payalawu était très excité quand il vit ce champ. Le climat était chaud et humide, et la terre était fertile ; elle convenait bien mieux aux gens que le Mengzhanbanaguan. Ils tombèrent immédiatement amoureux de cet endroit.

Payalawu décida que ce serait leur nouvelle maison. Il envoya des gens chercher ceux qui étaient restés à Mengzhanbanaguan et ceux qui étaient restés en chemin. Ils commencèrent à construire une ville et, petit à petit, de plus en plus de personnes vinrent s'installer dans ce nouvel endroit.

Comme ils arrivèrent à leur nouvelle demeure à l'aube, Payalawu nomma ce paradis « Jinghong », qui signifie en langue Dai « Cité de l'Aube ».